Hommage a la Grande armée

HOMMAGE

A LA GRANDE ARMÉE.

HOMMAGE

DU CAVEAU MODERNE

A LA GRANDE ARMÉE,

OU

CHANSONS ET COUPLETS

Chantés à Tivoli pendant les Dîners donnés par la ville de Paris aux Braves qui ont traversé cette capitale dans le courant de Septembre 1808.

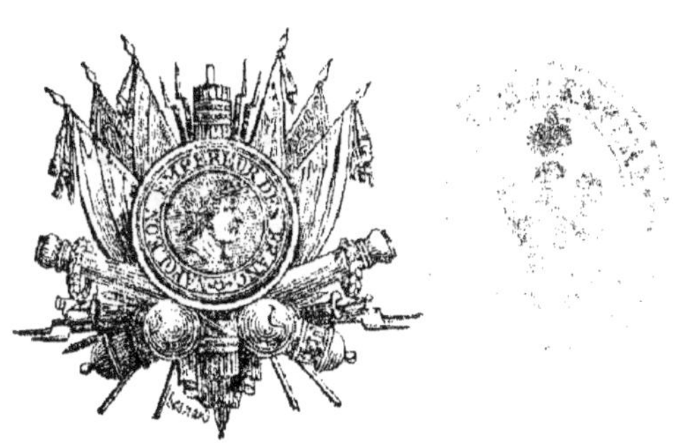

IMPRIMERIE DE BRASSEUR AÎNÉ.

PARIS,

CAPELLE et RENAND, Libraires-Commissionnaires, rue J.-J. Rousseau, N°. 6.

1808.

PRÉFACE.

Air du Pas redoublé.

Partout de nos vaillans Guerriers
    On vante les conquêtes ;
Partout des myrtes, des lauriers
    Viennent parer leurs têtes :
Chez Bellone et chez les Amours
    Leur tactique est savante ;
Ces lurons-là chantent toujours....
    Et toujours va qui chante.

HOMMAGE

A LA GRANDE ARMÉE.

LE PAS REDOUBLÉ,

CHANSON.

Air du Pas redoublé.

Salut aux généreux Soldats
Dont Bellone s'honore!
Après mille brillans combats
Ils vont combattre encore!
Pour vaincre l'Anglais rassemblé
Lorsqu'ils sont en voyage,
Tout Paris, au pas redoublé,
Accourt sur leur passage.

On a vu flotter leurs drapeaux
Jusque sur la Vistule;
S'agit-il de succès nouveaux,
La même ardeur les brûle:
Du Nord vers le Midi troublé
Ils atteindront la gloire;
C'est toujours au pas redoublé
Qu'ils suivent la Victoire!

Bientôt ces fameux Léopards,
Rassemblés près du Tage,
Fuiront, battus de toutes parts;
J'en ai l'heureux présage!
Aux combats l'Anglais, peu zélé,
Bien lentement s'apprête;
Mais il marche au pas redoublé
Lorsqu'il bat en retraite.

Courez, volez, braves Guerriers,
Où l'honneur vous invite,
Et, couverts de nobles lauriers,
Revenez aussi vite!
Un Français de gloire comblé,
Plein d'une douce ivresse,
Ne revient qu'au pas redoublé
Auprès de sa maîtresse!

ARMAND-GOUFFÉ.

AUX SOLDATS

DE LA GRANDE ARMÉE.

AIR : Trouverez-vous un Parlement.

Les voilà ces jeunes Héros,
Ces favoris de la Victoire,
Dont les succès, dont les travaux
Ont immortalisé la Gloire !
La Reconnaissance invoquait
Sa fête en ce jour proclamée :
Elle a préparé le banquet
Des Soldats de la Grande Armée.

De la France nobles enfans,
Suivez vos belles destinées,
Et que sous vos pas triomphans
Disparaissent les Pyrénées :
Nos mains d'avance aux Conquérans
Offrent la palme accoutumée;
Et la Victoire a pour garans
Les Soldats de la Grande Armée.

Mais quel cri d'indignation
Enflamme encor votre courage !
Quoi ! les pirates d'Albion
Ont souillé les rives du Tage !
Courez, volez ; mais de vos pas
Avertis par la renommée,
Les Léopards n'attendront pas
Les Aigles de la Grande Armée.

Bientôt par vos exploits divers
Vous saurez, fixant la fortune,
Dans les mains des tyrans des mers
Briser le sceptre de Neptune.
Nous verrons, pour derniers bienfaits,
La terre par vos soins calmée ;
Et l'Univers devra la paix
Aux Soldats de la Grande Armée.

DE JOUY.

AUX BRAVES

DE LA GRANDE ARMÉE.

Air du Vaudeville des Poëtes sans Souris,

ou

Chantez, dansez, amusez-vous.

Braves Guerriers, joyeux lurons,
Dans cette Fête qui s'apprête
Que nos refrains, que nos chansons
De notre cœur soient l'interprète;
Pour chanter vos brillans succès
    N'ya qu' les Français.   (*Bis.*)

Pour atteindre tous les poltrons,
Pour livrer gaîment des batailles,
Pour enfoncer des escadrons,
Pour renverser tant de murailles,
Pour braver bombes et boulets
    N'ya qu' les Français.   (*Bis.*)

Sans jamais compter le chemin
Faire campagne sur campagne ,
Aller de Paris à Berlin ,
Et de l'Allemagne en Espagne ,
Pour faire de pareils trajets
    N'ya qu' les Français.   (*Bis.*)

Quoique l'on soit bien courageux
Le sort peut tromper notre attente :
J'ai lu dans maint récit fameux
Que la Victoire est inconstante ;
Mais pour l'enchaîner à jamais
    N'ya qu' les Français.   (*Bis.*)

Pour être jaloux de son nom ,
Pour bien faire honneur aux guinguettes ,
Pour danser au bruit du canon ,
Pour bien empaumer les fillettes ,
Et les quitter pour leurs mousquets ,
    N'ya qu' les Français.   (*Bis.*)

Pour supporter les plus grands coups ,
Pour faire fleurir le commerce ,
Pour voir se promener chez nous
Des amis arrivés de Perse ,
Convenons-en tous désormais ,
    N'ya qu' les Français.   (*Bis.*)

Après avoir pendant quinze ans
Obtenu des succès durables,
Après avoir battu long-temps
Maintes puissances redoutables,
Qui pourra battre les Anglais?
    N'ya qu' les Français.   (*Bis.*)

Quand le Destin, pour couronner
Le Vainqueur de toute la terre,
Lui dit : S'il te fallait régner,
Quel peuple aurait droit de te plaire?
NAPOLÉON répondit : Mais
    N'ya qu' les Français.   (*Bis.*)

BRAZIER.

SUZETTE

A

SANS-QUARTIER,

QUI NE FAIT QUE PASSER PAR PARIS.

AIR : *On rit, on jase, on raisonne.*

Du fond de l'Allemagne
Z'à Bordeaux retournant,
Bois z'un p'tit coup d'Champagne
Que j' t'offrons en chantant,
Et baise ta compagne
Rien qu'un petit moment. } *Bis.*

Quoi! si vite en campagne!
Z'il faut apparemment
Qu' not' nouviau Charlemagne
Veuille eun' bataille en grand;
Mais tu sais que ça s'gagne
Z'en un petit moment. } *Bis.*

Et pis d'la Grand'Bretagne
Ça s'ra l'grand châtiment :
Des châtiaux en Espagne
Qu'all' fit trop promptement
All' s'ra confuse et cagne } *Bis.*
Z'en un petit moment.

DE PIIS.

A LA GRANDE ARMÉE.

AIR : Ton humeur est, Catherine.

SALUT aux chers Camarades
Qui passent par ce canton!
Vite, versons-leur rasades;
Car ils sont pressés, dit-on.
Ils vont avec la Victoire,
Qui vole rapidement:
Quand il s'agit de la gloire
Doit-on perdre un seul moment?

On sait qu'elle est la compagne
Du grand Roi NAPOLÉON;
Partout elle l'accompagne,
Et fait admirer son nom.
C'est un foyer de lumières;
C'est le plus grand des Guerriers:
En marchant sous ses bannières
On partage ses lauriers.

Chacun de vous , digne émule
De ce Héros si fameux ,
Du Danube à la Vistule
A fait le voyage heureux.
Couvert de palmes nouvelles
Un Français est toujours fort
Pour entrer chez des rebelles
L'épée est son passe-port.

NAPOLÉON vous contemple
Toujours prêts et triomphans
Lui-même a donné l'exemple
Du courage à ses enfans.
De rentrer dans la carrière
Qui ne serait pas jaloux
A ces mots de ce bon Père :
SOLDATS , J'AI BESOIN DE VOUS ! (1)

Toujours votre ardeur guerrière
Aspire à quelque haut fait ;
Et tant qu'il vous reste à faire
Vous croyez n'avoir rien fait.
Partez donc , troupe célèbre ;
Partout vaincre est votre sort ;
Volez sur les bords de l'Ebre ,
Et *Sotomayor est mort !* (2)

---

(1) Paroles de l'EMPEREUR à la parade du 18 septembre
1808.

(2) Paroles de *Bayard.*

Nous buvons à votre gloire,
Nous buvons à vos succès,
Nous buvons à la Victoire,
Qui nous ouvre tout accès.
A votre retour, nos braves,
Ici nous reviendrons tous;
Nous allons remplir nos caves (1)
Pour les vider avec vous.

DUCRAY-DUMINIL.

(1) Cette chanson a été faite dans le temps des vendanges.

AUX BRAVES
DE LA GRANDE ARMÉE.

———

Air : Trouverez-vous un Parlement.

Le canon gronde, on vous attend.....
Pour vous que ce bruit a de charme!
Mais pour l'ennemi qui l'entend,
Guerriers, c'est le canon d'alarme :
Enfans et soutiens de l'Etat,
Volez au temple de mémoire....
Que chaque jour soit un combat,
Chaque combat une victoire !

Marchez toujours du même pas,
De conquérans troupe immortelle;
Allez dans de nouveaux climats
Cueillir une palme nouvelle.
Deux Rois puissans bravaient vos coups,
Vous avez fait assaut de gloire....
Deux peuples s'arment contre vous;
Double ennemi, double victoire.

Quel est cet insulaire altier
Qui seul provoque la tempête?
Il ose en vain nous défier;
La foudre gronde sur sa tête :
Assez long-temps , tyrans des mers,
Vos forfaits ont souillé l'histoire....
Nous combattons pour l'Univers;
Les Dieux nous doivent la victoire.

DÉSAUGIERS.

ENCORE UN COUP!

Air du vaudeville des Prés Saint-Gervais,
ou : J'ous un curé patriote.

Fiers Enfans de la Victoire,
Amans, Buveurs et Guerriers,
Qui moissonnez avec gloire
Myrtes, pampres et lauriers,
Trinquant avec des amis,
Ou battant des ennemis,
　　Répétez
　　Et chantez
Ce refrain fait tout à coup:
　　Encore un coup!　　　　(*Bis.*)

CHOEUR.

Trinquant avec nos amis,
Ou battant nos ennemis,
　　Répétons
　　Et chantons
Ce refrain fait tout à coup :
　　Encore un coup!　　　　(*Bis.*)

Un Léopard amphibie
Ravage tout l'univers;
Courez arracher la vie
A ce despote des mers;
Qu'à l'aspect de vos drapeaux
Il s'abîme sous les eaux :
  Frappez fort
  Et d'accord;
Il faut lui casser le cou
  Encore un coup.   (*Bis.*)

CHOEUR.

Qu'à l'aspect de nos drapeaux
Il s'abîme sous les eaux :
  Frappons fort
  Et d'accord;
Il faut lui casser le cou
  Encore un coup.   (*Bis.*)

Des Anglais les plans infames
Vont s'écrouler sous vos coups :
Ils peuvent ourdir leurs trames;
Ils auront manqué leurs coups.
Leurs projets sont mal tissus;
Mais, fussent-ils mieux cousus,
  Ils sauront,
  Ils verront
Comme un Français en découd.
  Encore un coup.   (*Bis.*)

CHOEUR.

Leurs projets sont mal tissus ;
Mais, fussent-ils mieux cousus,
  Ils sauront,
  Ils verront
Comme un Français en découd.
  Encore un coup.   (*Bis.*)

Jeunes Héros sous la tente,
A table, au lit, au combat,
Chantez ce refrain qui tente
La Fillette et le Soldat.
Que chante un joyeux luron?
Que chante un jeune tendron?
  Nuit et jour,
  Tour à tour,
Amis, ils chantent partout :
  Encore un coup.   (*Bis.*)

CHOEUR.

Que chante un joyeux luron?
Que chante un jeune tendron?
  Nuit et jour,
  Tour à tour,
Amis, ils chantent partout :
  Encore un coup.   (*Bis.*)

Quand on boit à votre gloire
On ne boit jamais assez ;
Il faut boire, boire, boire ;
Mes amis, versez, versez,

Généreux Soldats français,
En buvant à vos succès,
    Plein d'ardeur,
    Tout buveur
S'écrirait, même étant sou,
    Encore un coup!   (*Bis.*)

CHOEUR.

Trinquons, et cherchons, Français,
De plus illustres succès.
    Plein d'ardeur,
    Tout buveur
S'écrirait, même étant son,
    Encore un coup!   (*Bis.*)

FRANCIS.

~~~~~~

COUPLETS

adressés par un Grenadier de la Grande
Armée à ses Camarades.

———

AIR : Malgré la bataille
Qu'on donne demain.
(*Plus connu des Soldats sur l'air de la Chamade.*)

Quittons l'Allemagne,
Allons, gais Français;
Courons en Espagne
A d'autres succès.
Quand l'honneur l'appelle,
Quand le tambour bat,
Tout Soldat fidelle
Est prêt au combat.

La Grande-Bretagne,
Auteur de nos maux,
Prétend en Espagne
Bâtir des châteaux.
Marchons !... BONAPARTE
En fera sans bruit
Des châteaux de carte
Qu'un souffle détruit.
~~~~~~

Sur son char de gloire
Quand NAPOLÉON
Marche à la victoire,
Tout brave luron,
Suivant sans relâche
Ce Héros chéri,
Voit dans son panache
Celui de Henri. (1)

CAPELLE.

---

(1) Enfans, criait Henri IV à ses Soldats, si les cor-
nettes vous manquent, ralliez-vous à mon panache blanc ;
vous le trouverez toujours dans le chemin de l'honneur
et de la gloire.

HOMMAGE

AUX BRAVES DE LA GRANDE ARMÉE.

———

Air : Aussitôt que la lumière.

Français, que chacun célèbre
Ces braves et fiers Guerriers
Qui vont aux rives de l'Ebre
Cueillir encor des lauriers !
Pour eux, devançant l'histoire,
Inscrivons sur leurs drapeaux :
« La France leur doit sa gloire,
« Et leur devra son repos. »

Nos Soldats dans leurs campagnes
Sont sûrs de tout surmonter,
Et les plus hautes montagnes
Ne sauraient les arrêter.
Leurs cohortes, destinées
Aux prodiges les plus grands,
A l'aspect des Pyrénées
Marchent à pas de géans.

A peine l'Anglais se montre,
Que, par la Gloire avertis,
Pour voler à sa rencontre
Voilà nos Guerriers partis.
Anglais, ces Guerriers fidèles
Seront bientôt sur vos pas;
Frémissez!... l'Aigle a des ailes;
Le Léopard n'en a pas.

Partez, enfans de la Gloire,
Pour des triomphes nouveaux;
Tout nous dit que la Victoire
Va couronner vos travaux.
C'est en vain que l'Anglais trame,
Et s'apprête à des succès;
La Victoire est une femme,
Et vous... des Soldats français.

Quand ces hordes étrangères
Auront péri sous vos coups,
Vous viendrez à vos bergères
Offrir des combats plus doux.
Vos récits auront des charmes
Pour vos pères triomphans,
Et la gloire de vos armes
Enflammera vos enfans.

ARMAND-GOUFFÉ.

LE DÉPART

D'UN SOLDAT FRANÇAIS.

AIR : Vivent les Fillettes ,
Mais pour un seul jour.
ou : Je viens te fair' mes adieux ,
Chère Alexandrine.

On bat la chamade ;
Amis , me voilà :
Versez-moi rasade ;
Encor ce coup-là.

Je vais à la guerre ,
Car telle est ma loi ;
Je ne veux pas faire
Attendre après moi.

On bat la chamade , etc.

La gloire m'appelle ;
J'entends le tambour ;
Je lui suis fidelle
La nuit et le jour.

On bat la chamade , etc.

La liqueur vermeille
Double la vigueur ;
Quand j'ai bu bouteille
J'ai plus de valeur.

On bat la chamade, etc.

Sans craindre d'alarmes
Je suis toujours prêt,
Et je cours aux armes
Comme au cabaret.

On bat la chamade, etc.

Je suis par mon âge
Simple Caporal ;
Mais j'ai du courage
Comme un Général.

On bat la chamade, etc.

Si la Renommée
Vante la valeur
De la Grande Armée,
J'ai ma part d'honneur.

On bat la chamade, etc.

Fanchon, je te laisse,
Mais pas pour long-temps
Ma chère maîtresse,
Passe bien ton temps.

On bat la chamade, etc,

Nous aurons, j'espère,
De nouveaux succès,
Car la gloire est chère
Aux Soldats français.

On bat la chamade, etc.

Nous faisons la guerre
A de vrais larrons ;
Que peut l'Angleterre
Contre nos lurons ?

On bat la chamade, etc.

Envers des parjures
Tout nous est permis ;
Vengeon, nos injures
Sur ces ennemis.

On bat la chamade, etc.

Emportons nos nipes ;
Et vite partons ;
Allumons nos pipes
Au feu des canons.

On bat la chamade, etc.

Notre âme est contente ;
Crions tous en chœur,
Au camp, sous la tente :
VIVE L'EMPEREUR !

On bat la chamade ;
Amis, me voilà :
Versez-moi rasade ;
Encor ce coup-là.

DUCRAY-DUMINIL.

LA HALTE A TIVOLI,

CHANSON

DÉDIÉE AUX BRAVES DE LA GRANDE ARMÉE,

et chantée au Repas donné par la Ville de Paris
le 27 Septembre 1808.

AIR : Malgré la bataille.

MALGRÉ les conquêtes
Qui nous ont soumis
L'hydre à plusieurs têtes
De nos ennemis,
La gueule enflammée,
Le fier Léopard
Croit de notre Armée
Braver l'étendard.

Espagnols crédules,
Frustrez sans délais
Les vœux ridicules
Des cruels Anglais;
Et, loin d'être esclaves
D'une autre Albion,
Invoquez les braves
De NAPOLÉON.

Prompt est le remède
Dans ce cas urgent ;
Ils vont à votre aide
D'un pas diligent :
Vous verriez , je gage,
Déjà ces guerriers ,
N'est que leur bagage
Est lourd de lauriers.

Vaillantes cohortes ,
De grâce , arrêtez....
Ouvre-leur tes portes
Reine des cités !
Que d'une couronne
Nos municipaux
Des fils de Bellone
Ornent les drapeaux !

Que l'Aigle française
Repose un moment !
Qu'on l'admire à l'aise
Dans ce lieu charmant !
Où l'Aigle romaine
(Maint laurier cueilli)
Prenait-elle haleine
Mieux qu'à Tivoli ?

Au camp d'ordinaire
Mars mange debout;
Fanfare guerrière
Seule est de son goût.
A dîner en ville
Mars a consenti,
Et d'un vaudeville
Mars s'est diverti.

Chers amis, vous êtes
Plus joyeux que las;
Mais quoi! vous ne faites
Que passer, hélas!
Songez que la gloire
De ce beau repas
De notre mémoire
Ne passera pas.

En leur temps nos pères
N'ont eu qu'un Bayard:
Des jours plus prospères
Ont lui pour nous; car
Moi de proche en proche
J'en vois des milliers...
Sans peur, sans reproche
Que de Chevaliers!

D'un plaisir précoce
A tous le cœur bat :
Vont-ils à la noce ?
Vont-ils au combat ?
Oh ! nous pouvons croire
Sans nous abuser
Que c'est la Victoire
Qu'ils vont épouser.

DE PIIS.

RONDE

ADRESSÉE

A LA GRANDE ARMÉE,

A SON PASSAGE A PARIS.

***

Air du Branle sans fin.

GLOIRE, honneur à nos Guerriers !
L'histoire
Ne pourra croire
Qu'on eut assez de lauriers
Pour couronner ces Guerriers.

Poursuivez, jeunes Français,
Vos brillantes destinées ;
Vous comptez plus de succès
Que vous ne comptez d'années.

CHOEUR.

Gloire, honneur, etc.

Du Dictionnaire on a
Rayé le mot *Impossible;*
Et *Clio* vous a déjà
Surnommé *Peuple invincible.*

CHOEUR.

Gloire, honneur, etc.

Chacun de vous, franc luron,
Aime la table et la guerre,
Et court au bruit du canon
Comme il court au bruit du verre.

CHOEUR.

Gloire, honneur, etc.

Vous signalez chaque jour
Par de nouvelles batailles,
Et vous percez tour à tour
Les remparts et les futailles.

CHOEUR.

Gloire, honneur, etc.

De chaque haut fait cité
Trop longue serait la liste:
Quel fort vous a résisté?
Quelle belle vous résiste?

CHOEUR.

Gloire, honneur, etc.

L'Anglais au Gouadalquivir
N'attendra pas BONAPARTE,
Et pour l'en faire partir
De France il suffit qu'il parte.

CHOEUR.

Gloire, honneur, etc.

Prouvez à ces déloyaux,
Vous qu'aucun danger n'écarte,
Qu'en Espagne leurs châteaux
Etaient des châteaux de carte.

CHOEUR.

Gloire, honneur, etc.

Un jour tu pourras penser,
Peuple infidèle à la gloire,
Que la mer à traverser
N'était pas la mer à boire.

CHOEUR.

Gloire, honneur, etc.

Dans son brave compagnon
Chacun de vous voit un frère:
Buvez à NAPOLEON;
Vous boirez à votre père.

CHŒUR.

Gloire, honneur à nos Guerriers!
L'histoire
Ne pourra croire
Qu'on eut assez de lauriers
Pour couronner ces Guerriers.

MOREAU.

RONDE

ADRESSÉE A LA GRANDE ARMÉE

PAR LES CONVIVES DU CAVEAU MODERNE,

Invités par M. le Conseiller d'état Préfet du département de la Seine, et par MM. les Maires de la ville de Paris, au Repas donné aux Généraux et Officiers français dans les Jardins de Tivoli.

AIR : Bon! bon! marions-nous. (1)

Gai! gai! braves Français;
L'instant du triomphe avance :
Gai! gai! force vin frais!
Mais
Gardons-en pour la paix.

Tivoli!... ce nom chéri
Doit nous inspirer d'avance :
Puissions-nous chanter ici
Comme Horace à Tivoli!

Gai! gai! etc.

---

(1) Cette Ronde peut se chanter aussi sur l'air du *branle sans fin* de la Danse Interrompue; mais dans ce cas il faut répéter trois fois le mot *gai*.

Vous savez mettre en chantant
Place, tonneau, fille en danse,
Et sur eux à chaque instant
Vous tirez à bout portant.

    Gai! gai! etc.

Tour à tour Amans, Soldats,
Bravant toute résistance,
Vous savez dans vos combats
Vaincre et peupler les États.

    Gai! gai! etc.

Par vous notre Souverain,
Portant au loin sa puissance,
Enchaîna d'un bras d'airain
Le Nil, le Tibre et le Rhin.

    Gai! gai! etc.

En vain pour vous étonner
Contre vous l'Anglais s'élance;
Fût-ce même après diner,
N'en faites qu'un déjeûner.

    Gai! gai! ete.

L'Anglais veut prendre l'essor,
Fier de sa vaine opulence;
Sachez lui prouver encor
Que le fer vaut mieux que l'or.

Gai! gai! etc.

Gros milords, dites adieu
Au plaisir, à la bombance;
Car vous serez tous dans peu
Des milords sans *pot au feu.*

Gai! gai! etc.

Sevrés de punch et de rack,
Les Anglais en pénitence
Fumeront dans leur hamac,
Mais sans pipe et sans tabac.

Gai! gai! etc.

De la Gloire enfans chéris,
Ramenez bientôt en France
Au dieu Mars des favoris,
A vos belles des maris.

Gai! gai! etc.

Courage ! encor un laurier ;
Sur vos fronts qu'il se balance ,
Et nous verrons l'olivier
Ombrager le monde entier.

Gai ! gai ! etc.

Buvons tous à la Valeur,
Au Génie , à la Clémence,
A la Sagesse , à l'Honneur ;
C'est boire à notre EMPEREUR.

Gai ! gai ! etc.

Buvons à nos Généraux ,
A leur gloire , à leur vaillance....
Mais où prendre assez de broes
Pour boire à tant de Héros ?

Gai ! gai ! etc.

Buvons à tous nos Conscrits ;
Leurs noms , illustrés d'avance ,
Seront par la Gloire inscrits
Auprès de vos noms chéris.

Gai ! gai ! etc.

Buvons à ce cher Préfet,
Qui, de ce que Paris pense,
Dans tout ce qu'il dit et fait
Est l'interprète parfait.

    Gai! gai! etc.

Buvons dans ce doux repas
Au Zèle, à la Prévoyance,
Aux Soutiens des grands Etats;
Buvons à nos Magistrats.

    Gai! gai! etc.

Buvons au retour prochain
De la Paix, de l'Abondance;
C'est en un verre de vin
Boire à tout le genre humain.

    Gai! gai! etc.

ENVOI.

Nos refrains, faits à Paris,
En pareille circonstance,
Si par Mars ils sont appris,
Doubleront partout de prix.

    Gai! gai! etc.

Des premiers jours aux derniers ,
Lutèce, en réjouissance ,
Choisis pour tambouriniers
Les soussignés Chansonniers.

Gai ! gai ! braves Français ;
L'instant du triomphe avance ;
Gai ! gai ! force vin frais !
Mais
Gardons-en pour la Paix.

POUR LE CAVEAU MODERNE,

LAUJON, *de l'Académie Française,*
Président.

ARMAND - GOUFFÉ, *Secrétaire perpétuel.*

~~~~~~

LA PROPHÉTIE DE JONAS.

———

Nota. Quoique l'Auteur de cette Chanson ne soit point membre du *Caveau Moderne*, nous avons cru néanmoins devoir joindre ses couplets aux nôtres, attendu qu'ils ont été chantés de même à Tivoli, et que ce sont les seuls qui aient partagé l'honneur de célébrer nos Braves.

———

AUX ANGLAIS.

AIR : *La Boulangère a des écus.*

Anglais, vos projets sont déçus ;
   Nous partons pour l'Espagne ;
Bientôt vous n'y trouverez plus
   Un pays de Cocagne,
      Milords ;
   Un pays de Cocagne.

Vous qu'on voit jouer du jarret
   A l'aspect d'un trompette,
Vous prendrez au lieu du mousquet
   La poudre d'escampette,
      Milords ;
   La poudre d'escampette.

7
~~~~~~

Vous avez de l'habileté
  Plus que de la vaillance;
Vous savez bien rompre un traité,
  Mais non rompre une lance,
      Milords;
Mais non rompre une lance.

Grands rivaux d'un peuple guerrier
  Que conduit BONAPARTE,
Vous savez toujours mieux brouiller
  Que défendre la carte,
      Milords;
Que défendre la carte.

Partout vous assiégez nos ports
  De vos maisons flottantes;
Mais sachez qu'avec tant d'efforts
  On gagne des descentes,
      Milords;
On gagne des descentes.

Nous n'irons pas pour prendre un fort
  Aux Indes nous morfondre;
Nous trouverons Chandernagor
  A la porte de Londre,
      Milords;
A la porte de Londre.

Tremblez qu'un nouveau Scipion
Comme celui d'Afrique
N'aille dans les murs d'Albion
Punir la foi punique,
Milords;
Punir la foi punique!

Quand le vainqueur de Marengo,
Aigri par des pirates,
Dira : *Delenda Carthago*,
Gare à vos dieux pénates,
Milords;
Gare à vos dieux pénates!

Dites votre *confiteor*
Pour vous tirer d'affaire;
De quoi sert-il quand on est mort
D'être pair d'Angleterre,
Milords;
D'être pair d'Angleterre.

LAURENCEAU, *sous-chef à la Préfecture
du département de la Seine.*